OVERTUIGEND IN ELKE SITUATIE

Hoe de vaardigheid van het overtuigen u
kan helpen uw carrière te ontwikkelen

OVERTUIGEND IN ELKE SITUATIE

Hoe de vaardigheid van het overtuigen u kan helpen uw carrière te ontwikkelen

geschreven door Christophe Peiffer
vertaald door Nikki Claes

OVERTUIGEND IN ELKE SITUATIE

- **Probleem?** Welke technieken en strategieën moeten worden toegepast om een prospect, een team of een publiek in een paar minuten voor zich te winnen?

- **Nut?** Beïnvloeden zonder te manipuleren is een zekere kunst, en een onmiskenbare troef in de professionele wereld alsook in het dagelijks leven.

- **Professionele context?** Onderhandelen, projectbetrokkenheid, conflictbeheersing, werk zoeken, lening aanvragen, professionele relaties.

- **FAQ?**

  - Wat is de basis voor een succesvol betoog?

  - Hoe moet ik handelen om niet als manipulator te worden gezien?

  - Welke houding moet ik aannemen als ik ruzie maak?

  - Wat is DE onstuitbare techniek om iemand te overtuigen?

  - Hoe lang duurt het om mij te leren overtuigen?

  - Wat zijn de valkuilen die ik moet vermijden als ik iemand wil overtuigen?

  - Ik heb mijn gesprekspartner niet kunnen overtuigen, moet ik het opgeven?

  - Wat voor argumenten kan ik gebruiken?

We spenderen ons leven aan het overtuigen van anderen. Van de dynamische jonge manager die een opslag probeert te krijgen, tot de ouder die zijn kind probeert zijn kamer te laten opruimen, tot de pas afgestudeerde student die een baan probeert te krijgen in het bedrijf dat hij wil, het dagelijks leven zit vol situaties waarin goede argumentatie essentieel is. Weten hoe je dit instrument met vaardigheid en ethiek hanteert, kan een belangrijk voordeel worden in zowel het professionele als het persoonlijke leven.

Voor sommigen is overtuigingskracht een tweede natuur – zij zouden bij wijze van spreken een vriezer aan Eskimo's kunnen verhuren! – Maar voor anderen is een glas water verkopen in het midden van de woestijn onmogelijk. Maar er zijn enkele basisprincipes om je te helpen argumenteren voor wat je wilt. Deze basisbeginselen betreffen zowel vaardigheden als attitudes. De subtiele combinatie van deze twee relationele pijlers geeft u een aanzienlijk voordeel in elke situatie waarin u een persoon, een team of een publiek voor u wilt winnen.

Ontdek in 50 minuten alle trucs om uw gemak en de vloeiendheid van uw toespraak te cultiveren, zodat u in elke situatie overtuigend overkomt. Maak je klaar om de Steve Jobs (oprichter van het merk Apple en groot Amerikaans spreker, 1955-2011) in jou tot uiting te laten komen!

DE BASIS VAN OVERTUIGEND SPREKEN

ENKELE BASISBEGRIPPEN

Overtuigen *vs.* manipuleren

Eén van de inherente gevaren van overtuigende argumentatie is de dunne lijn met manipulatie. Als deze gedachte al bij u is opgekomen, is het een goed teken dat u zich afvraagt of er bij deze oefening sprake is van een vorm van ethiek. Waar liggen de grenzen van beide? Hoe gemakkelijk glijdt u af naar manipulatie, en ook, hoe beschermt u zich daartegen? Deze twee termen blijven per definitie potentieel moeilijk van elkaar te onderscheiden.

- **Overtuigen: iemand ertoe brengen** onze mening over te nemen door gevoelens te gebruiken.

- **Manipuleren**: iemand op een verraderlijke manier sturen, naar eigen inzicht beïnvloeden.

Er is echter één aspect dat het verschil maakt: het doel dat wordt nagestreefd. Bij manipulatie is het de bedoeling een persoon te manipuleren zonder dat deze het beseft, in het belang van de manipulator. Omgekeerd betekent overtuigende argumentatie mogelijk ook tegenargumentatie. Het is dan een debat van ideeën waarbij elk van de acteurs de kaarten in handen heeft om de ander te overtuigen van de geldigheid van zijn of haar mening als hij of zij die goed uitspeelt.

De technieken voor deze twee vormen van communicatie zijn zeer vergelijkbaar, zo niet identiek, aangezien zij dezelfde instrumenten omvatten. Het belangrijkste is hoe je ze gebruikt. Laten we het beeld van een mes nemen om dit punt te illustreren: als je dit scherpe instrument aan een topkok geeft, zal hij je een heerlijke maaltijd bereiden; maar leg het in de handen van een psychopaat… en wees bereid om te vluchten. Wat hier anders is, zijn de doelstellingen.

Logos, pathos, ethos

> *"De bewijzen die inherent zijn aan spraak zijn van drieërlei aard: sommige liggen in het morele karakter van de spreker; andere in de instelling van het publiek; en nog andere in de spraak zelf, wanneer deze demonstratief is of lijkt te zijn."* (ARISTOTELES, De retoriek, CreateSpace Independent Publishing Platform, FB Editions, 2015, p. 9)

In een boek over persuasieve argumentatie is het onmogelijk om niet te verwijzen naar de drie-eenheid die de basis vormt van overtuiging: logos, pathos en ethos. Deze drie fundamentele pijlers van de argumentatie vormen nog steeds de kunst van de retorica, ook al is het concept niet nieuw, aangezien het in de oudheid reeds werd geïnitieerd door beroemde redenaars als Plato (Grieks filosoof, ca. 428-ca. 348 v.Chr.), Demosthenes (Grieks filosoof, ca. 348 v.Chr.), en de auteur van het boek "De kunst van het overtuigen".C.), Demosthenes (Atheens staatsman, 384-322 BC), Aristoteles (Grieks filosoof, 384-322 BC) en Cicero (Romeins staatsman, 107-43 BC).

- **Logos gaat** over de argumentatie zelf, d.w.z. de inhoud van het discours waarbij het intellect betrokken is. Het omvat de redenering en de logica van de spreker. Het is gebaseerd op objectieve feiten, concreetheid, statistieken, cijfers, enz.

 **VOORBEELD**

Meneer, hier is het dossier waarop ik mijn sollicitatie voor baan X baseer. U ziet dat mijn resultaten over een jaar met 20% zijn gestegen en dat de winst van het bedrijf 8% was. Ik heb van je partner gehoord dat Dubois binnenkort een internationale functie krijgt. We werken nu vijf jaar samen en ik moet naar het grotere geheel kijken. Richard Branson (Engels ondernemer, geboren in 1950) zei altijd dat kansen als bussen zijn: er komt altijd weer een nieuwe. Persoonlijk is het degene die jij bestuurt waar ik op wil stappen en de stoel wil innemen die vrij komt bij de volgende halte.

- **Pathos** richt zich op het publiek. Het is het deel van een betoog dat een beroep doet op de emoties van de spreker. Alle woorden, zinswendingen of anekdotes worden gebruikt met als enig doel primaire of secundaire gevoelens te activeren: angst, vreugde, woede, verdriet, afkeer, verbazing, interesse, hoop, medelijden, verwondering, enz. De overgrote meerderheid van

de huidige media werkt op deze manier door een over-
daad aan pathos in hun programma's: alles of bijna
alles wordt gedaan om hun boodschappen rechtstreeks te verbinden met de emoties van de kijkers,
zonder de reflexieve analyse (logos) te doorlopen.

- **Het ethos** is gebaseerd op de spreker die de toespraak houdt en is bedoeld om een positieve indruk
te maken op de luisteraar of het publiek. Dit omvat
reputatie, aanwezigheid, charisma, staat van dienst
en publicaties. In de kunst van het overtuigen is dit
de meest tijdrovende pijler om op te bouwen. Een
reputatie vereist inderdaad tijd en consistentie, even-
als een zekere ethiek. Als je niet de geloofwaardigheid
van een expert hebt, concentreer je dan op je persoonlijkheid en charisma om het vertrouwen van je
publiek te winnen.

 ## VOORBEELD

Denk aan een gebied dat u interesseert, wat dat ook
mag zijn (een zaak, een product, een dienst van uw
bedrijf of een sport). Wie is de persoon die dat volgens
jou het beste vertegenwoordigt? Nodig een paar mensen die je kent en die geïnteresseerd zijn in hetzelfde
gebied uit om dit spel te spelen. Als hun antwoorden
op één persoon neerkomen, is het waarschijnlijk dat
hij of zij het ethos heeft die wij hier beschrijven.

Samengevat, om effectief te overtuigen door middel
van overtuigende argumentatie :

- Bouw een erkend en gerespecteerd imago op in uw vakgebied;

- weet hoe je de emoties van je gesprekspartners kunt oproepen;

- terwijl je met A + B aantoont dat je standpunt logisch is.

HET SPEELVELD VOORBEREIDEN

Organiseer uw betoog

Denkt u dat grote redenaars zonder voorbereiding op hun podium aankomen om hun toespraken te houden en de menigte in vervoering te brengen? Denkt u dat gasten in tv-programma's over actuele zaken alleen met hun deskundigheid en ervaring komen? Dat doen ze niet. Elke goede pitch moet goed worden voorbereid als je hem overtuigend wilt maken, om verschillende redenen:

- Structureer je toespraak en bouw een rode draad op;

- de belangrijkste punten te benadrukken;

- ga naar het essentiële door het overbodige te verwijderen;

- vorm bepaalde zinnen zodat ze je doel bereiken;

- een helder hoofd hebben op het moment van je optreden en zo je energie bewaren voor het omgaan met plankenkoorts en onvoorziene gebeurtenissen;

- je vertrouwen geven.

Uw overtuigend betoog mag niet berusten op improvisatie. Volg deze belangrijke stappen om het effectief voor te bereiden:

* bepaal de behoefte van de persoon of groep die u wilt overtuigen;
* een adequate oplossing voor deze behoefte voor te stellen;
* de potentiële voordelen voor uw tegenhanger te voorzien;
* eventuele bezwaren vast te stellen en daarop te reageren;
* uw kwaliteiten en sterke punten te identificeren.

 ## TIP VAN DE COACH

Oefen voor de spiegel, corrigeer jezelf en repeteer voor vrienden en familie. Verbeter je spraak en probeer het opnieuw. Een overtuigend betoog moet op een vloeiende en energieke manier worden gebracht. Naarmate u oefent, zal het een deel van u worden en zult u merken dat het gemakkelijker wordt om te presteren.

Het juiste moment aangrijpen: *kaeros*

In het oude Griekenland ontstond het begrip "opportuun moment", dat de Grieken *kairos* noemden. Pierre Aubenque (Frans filosoof, geboren in 1929) noemt het een "samenvallen van menselijke actie en tijd, waardoor de tijd gunstig is en de actie goed". (*La prudence chez Aristote*, Parijs, PUF, 1963, p. 96-97)

Wanneer je iemand moet overtuigen, zal weten hoe je de juiste gelegenheid aangrijpt om met hem in contact te komen je kansen op succes vergroten. Net als een surfer die de golf op het juiste moment vangt, zal je vermogen om dat juiste moment waar te nemen het verschil maken. Dus hoe pak je het aan?

Als we aannemen dat er een *kairos* is, kunnen we logischerwijs afleiden dat er ook ongepaste tijden zijn. Met andere woorden, het is of te vroeg of te laat. De specialisten in tijdelijke onhandigheid staan aan weerszijden van dat gunstige moment waarop de actie het meest geschikt is.

- **Voor de *kairos*:** De te grote hartstochtelijke emoties, te gretig om te handelen om zich in te kunnen houden. In hun haast proberen ze hun gesprekspartner snel te overtuigen… en krijgen slechts een mislukking.

- **Na de *kaeros*: De** traagheid en het gebrek aan vertrouwen van de onbeslisten zorgen er meestal voor dat zij de boot missen. Ze hebben dan geen andere keuze dan de kans voorbij te laten gaan.

De twee belangrijkste wegen die moeten worden verkend om uw temporele finesse te verbeteren en uw kansen te vergroten om op het juiste moment te handelen om uw gesprekspartner te overtuigen, zijn dus

- Leer je emoties te reguleren en wees geduldig;

- geloof in jezelf, zodat je niet langer aarzelt als de kans zich voordoet om te handelen.

DE ZADEN ZAAIEN

Dit is waar het allemaal om draait: als u zich eenmaal hebt voorbereid, moet u uw gesprekspartner op zijn gemak kunnen stellen, zodat hij of zij in een goede positie verkeert om naar uw redenering te luisteren. Wij zullen enkele tips ontwikkelen om het zaad van een goede relatie te zaaien.

Jezelf centreren met de F.S.B.V.Z. staat.

Centreren is een zeer belangrijk element dat vaak wordt verwaarloosd door de meeste mensen die op het punt staan iemand te overtuigen. Meer dan een eenvoudig moment van concentratie, stelt het je in staat 100% betrokken te zijn en je te richten op alle elementen die aanwezig zijn in de relatie tussen jou en je gesprekspartner. Het is een weerspiegeling van je beste zelf; het vertegenwoordigt je level van uitmuntendheid. Onthoud het volgende acroniem om deze interne toestand in praktijk te brengen:

- **Focus je** op de situatie, op de persoon met wie je praat, op je zintuigen, op je ademhaling en op het huidige moment;

- **Sta open** voor de oneindige mogelijkheden die voor u staan, voor de argumenten van uw gesprekspartner en voor de oplossingen die zich aandienen;

- **Begeleiden in bewustzijn**, met aandacht voor de persoon die je gesprekspartner is, voorbij schijn en vooroordelen;

- **Verbonden** met je gesprekspartner, met jezelf, met jullie relatie en met alle elementen die jullie gemeenschappelijke omgeving vormen;

- **Ziekenhuis** door de ruimte vanuit relationeel oogpunt veilig te maken en klaar te staan voor alle onverwachte gebeurtenissen.

Synchronisatie

Door synchronisatie kun je je aanpassen aan de verschillende communicatiestijlen van personen en je afstemmen op de belevingswereld van de ander, via zijn gebaren, woorden en toon. Je gaat dan een relatie aan van onbewust vertrouwen: "Ik ben zoals jij, ik beweeg, ik spreek zoals jij en ik voel dezelfde dingen als jij; ik ben je bondgenoot, je hebt niets te vrezen, ik probeer je gewoon te begrijpen." Denk aan pathos: positief inspelen op de emoties van je gesprekspartner geeft je een voordeel in je betoog. Door zich met jou te identificeren, zullen zij gemakkelijker overtuigd worden door wat je zegt.

 **NUTTIGE VERDUIDELIJKING**

Synchroniseren betekent niet kopiëren. Het gaat erom een natuurlijke houding aan te nemen die kan worden versterkt of gestuurd terwijl je respectvol blijft, om een gastvrije boodschap af te geven (een onbewuste boodschap waaruit je welwillendheid blijkt).

Er zijn verschillende soorten synchronisatie:

- **non-verbaal**, waarbij men de gebaren van zijn gesprekspartner overneemt, zijn houding, zijn micro-expressies of mimiek, zijn ademhaling (deze laatste is de ideale synchronisatie, maar ook de moeilijkst te verkrijgen);

- **para-verbaal**, door aanpassing aan de stem, d.w.z. de intonatie, het ritme, het timbre, het verloop en het volume;

- **verbaal**, met betrekking tot de structuur van iemands spraak. Dezelfde woordenschat wordt gebruikt en de zinnen zijn op dezelfde manier opgebouwd;

- **In de innerlijke staat gaat het** erom de emoties van de ander, zijn gevoelens, zijn ervaringen en zijn interpretaties van de situatie op te nemen. Terwijl ze afstandelijk zijn, is de impliciete boodschap: "Ik begrijp het, ik ben zoals jij." Spreek daarom met verheffing tegen iemand die gepassioneerd is of op een professionele toon als de persoon gereserveerd is.

Uiteraard vereist synchronisatie eerst en vooral het luisteren naar de ander.

Luister voordat je ruzie maakt

Het geheim van degenen die gemakkelijk overtuigen is eenvoudig: zij luisteren naar de persoon tegenover hen. Als je maar één techniek zou moeten onthouden, zou het deze zijn. Het gaat er niet om te luisteren met één oor, denkend aan je volgende squashwedstrijd of je laatste avondje uit, maar om volledig gericht te zijn op de persoon met wie je praat. Volg deze zes gouden regels voor goed, actief luisteren:

- **Wees nieuwsgierig naar de persoon met wie je praat**. Hij of zij zal u alle informatie geven die u nodig hebt om u te helpen omgaan met het onverwachte tijdens uw ruzie;

- **Stel** daarom **vragen** over hun interesses, hun behoeften, wat ze op dit moment meemaken;

- **Herformuleer wat zij hebben gezegd** om te laten zien dat u hen hebt gevolgd, of als u niet zeker weet of u iets goed hebt begrepen. Vraag om opheldering. Zij zullen dan verdergaan;

- Knik met je hoofd en geef verbale bevestiging ("ja, ik begrijp het", "ik denk het wel"). Dit toont uw bereidheid en aanvaarding van wat zij zeggen aan;

- **Laat ze al hun zinnen afmaken** en wacht tot de bal in jouw kamp ligt voordat je spreekt. Er is niets erger voor iemand die zijn gedachten uit dan te worden afgesneden;

- **Houd rekening met de elementen die belangrijk zijn voor uw gesprekspartner**. U kunt daarop voortbouwen wanneer het uw beurt is om uw zaak te bepleiten.

 **WIST JE DAT?**

Waarom hebben we twee oren en één mond? Om twee keer zoveel te luisteren als te spreken!

De kracht van een glimlach gebruiken

De glimlach kan de perceptie van uw gesprekspartner ten opzichte van u radicaal veranderen en de kwaliteit van uw relatie verbeteren. Inderdaad, het zendt een onbewust signaal naar de persoon die het ontvangt dat vertaald kan worden als: "Ik wil je geen kwaad doen, je hebt niets te vrezen van mij."

Deze vorm van non-verbale communicatie spreekt rechtstreeks tot onze instincten en ons onbewuste. In een context waarin iemand gespannen is, kan het feit dat hij een glimlachende persoon ontmoet zijn stressniveau dus aanzienlijk verminderen. Kortom, een eenvoudige glimlach tijdens een ruzie stelt uw gesprekspartner gerust, plaatst u in een innemende houding en draagt bij tot een goede ontwikkeling van de relatie.

Er is echter één specifiek geval waarin glimlachen niet werkt en zelfs het tegenovergestelde effect kan hebben: de commerciële glimlach. Niet dat alle verkopers dezelfde gebruiken, maar het kan de persoon afschrikken of een ongemakkelijk gevoel geven. Bij een echte glimlach ontstaan meestal kleine rimpels in de ooghoeken. Anders komen alleen de zygomatische spieren in het spel, wat onvermijdelijk wantrouwen bij je gesprekspartner oproept. Lachen, ja, maar vanuit het hart.

Empathie tonen

De term "empathie" komt van het Duitse woord *Einfuhlung* dat "gevoel van binnenuit" betekent. Het verwijst naar een persoon die zichzelf projecteert in de situatie van de ander. Sindsdien is deze definitie geëvolueerd door werk op verschillende onderzoeksgebieden zoals filosofie, psychologie en neurowetenschappen.

Volgens Jean Decety (Frans neurobioloog, geboren in 1960) is er sprake van empathie wanneer wij emotioneel reageren op de emotie van onze gesprekspartner. Maar in een context waarin we iemand moeten overtuigen, moeten we onderscheid kunnen maken tussen wat de persoon voelt en wat wij voelen, en onze eigen emoties kunnen reguleren om de juiste houding aan te nemen en de situatie onder controle te houden.

Laat congruentie zien

Congruentie gaat over het aanpassen van onze woorden, gevoelens en daden aan onze persoonlijke waarden en overtuigingen. Het begrip congruentie komt van de Amerikaanse psycholoog en therapeut Carl Ransom Rogers (1902-1987), dat hij als volgt uitlegde

> *"We kennen allemaal mensen die we vertrouwen omdat we het gevoel hebben dat ze zijn wie ze zijn, dat het de persoon zelf is met wie we te maken hebben, niet een beleefd of professioneel masker. (Le développement de la personne, Parijs, InterÉditions, 2005, blz. 37)*

In een overtuigend betoog betekent congruentie dat je de toespraak die je hebt voorbereid zo goed mogelijk belichaamt en dat je de sociale maskers laat vallen, of beter gezegd, dat je er geen opzet. Als u eerlijk en authentiek bent, zal uw gesprekspartner zich zelfverzekerd voelen en uw standpunt gemakkelijker accepteren.

Maar congruent zijn is geen gemakkelijke opgave. Sociale maskers en conventies klampen ons aan, en belemmeren deze vorm van oprechtheid. Ze kwijtraken kan tijd en energie kosten. Deze tips helpen je in de goede richting:

- **zelf overtuigd zijn van de geldigheid van je argument.** Dit lijkt vanzelfsprekend, maar als je ook maar de geringste twijfel hebt over een van je argumenten, kun je er zeker van zijn dat de persoon met wie je praat dat opmerkt en er onmiddellijk op ingaat. Dan kun je je doel vergeten. Voordat je begint, probeer de fouten in je argumentatie te identificeren. Als je ze eenmaal hebt geïdentificeerd, heb je twee opties: of je geeft het gewoon op om ze bloot te leggen en loopt niet het risico te worden uitgedaagd, of je versterkt ze door mogelijke tegenargumenten vast te stellen en manieren te vinden om ze aan te pakken;

Let op je non-verbale communicatie. Als je een werkgever wilt overtuigen om je aan te nemen door je dynamiek en goed humeur te tonen, vermijd dan om in je stoel te hangen en de mimiek van een ongeïnteresseerd persoon aan te nemen. Kies in plaats daarvan voor een rechte houding, brede, ritmische bewegingen, een brede glimlach (zie Gebruik de kracht van een glimlach) en een stalen optimisme;

- **inzetten op transparantie**, het zusje van de congruentie. Dit bewijst dat de belangrijkste waarde van je argument eerlijkheid is. Tegenwoordig, met het internet, is het voor de gek houden van mensen ingewikkelder en oneerlijkheid kan leiden tot een zeer pijnlijke terugslag en het verlies van geloofwaardigheid. Dus, in plaats van een klant te doen geloven dat de aankoop van uw product zijn leven en zijn portemonnee zal revolutioneren, geef hem een feitelijk overzicht van de voor- en nadelen van het artikel. Vraag de prospect vervolgens naar zijn gevoelens: u krijgt dan alle informatie die u nodig hebt om de rest van uw betoog te sturen.

HET OOGSTEN VAN DE VRUCHTEN

Dankzij de bovenstaande tips heb je aan je ethos gewerkt en heb je een speciale band met je gesprekspartner kunnen creëren en zijn of haar vertrouwen kunnen winnen. Je hebt je toespraak gelegitimeerd. Het is nu tijd om uw argumentatie te ontwikkelen en uw visie op de dingen te presenteren.

Uw behoeften kenbaar maken

Iemand overtuigen betekent proberen hem te overtuigen van jouw standpunt over een situatie, een project of een idee, met andere woorden hem voor jouw zaak te winnen. Om dit te doen, moet je vroeg of laat stoppen met de voorrondes en je behoeften kenbaar maken. Waarom wordt deze voor de hand liggende stap pas in dit stadium van het betoog gezet? Zou het niet effectiever zijn om vooraf te vragen wat je wilt? Nee, want dat zou hetzelfde zijn als een 100-meterwedstrijd lopen zonder eerst op te warmen: het risico van een spierverrekking is meer dan waarschijnlijk. De ander in een goede stemming brengen tegenover jou is gebeurd, dus nu zal je verzoek het meeste effect hebben.

Ontwikkel nu je standpunt op een duidelijke en gestructureerde manier, waarbij je zowel logos als pathos gebruikt voor meer doeltreffendheid.

Weet hoe te buigen als een riet zonder te breken

Als iemand overtuigen makkelijk was, zou het iedereen lukken. U kunt de beste voorbereiding ter wereld hebben, de meest vloeiende en krachtige toespraak, en een aanwezigheid die de grootste redenaars zou doen verbleken, maar u zult niet gevrijwaard blijven van de onvermijdelijke bezwaren, al dan niet gefundeerd, die uw toespraak in gevaar zullen brengen door te wijzen op het element dat (in hun ogen) ontbreekt. Handelen met finesse en timing in dit soort situaties zal je meer krediet opleveren.

Een essentiële eigenschap voor het beheersen van de kunst van het overtuigen is relationele en situationele flexibiliteit. *Meer zelfs*, psychorigiditeit is de vijand van overreding. Aanpassing aan omstandigheden en individuen is mogelijk door het inzetten van bepaalde middelen die wij tot dusver hebben beschreven, zoals

- Openstaan voor wat de ander denkt en voelt;

- niet-oordelend;

- empathisch luisteren.

Naast deze kwaliteiten is er nog een fundamentele hulpbron: loslaten. Dit kan paradoxaal lijken wanneer je doel juist is de ander te overtuigen het met je eens te zijn. Maar loslaten betekent niet noodzakelijkerwijs opgeven of capituleren. Integendeel, in de kunst van het overtuigen ligt de subtiliteit in het weten wat je moet loslaten. Door uw toespraak voor te bereiden, zult u mogelijke knelpunten hebben voorzien en de manoeuvreerruimte hebben vastgesteld die u uzelf laat wanneer deze gevoelige aspecten opduiken.

Als u bijvoorbeeld een nieuwe communicatiestrategie voor uw vereniging wilt ontwikkelen, zult u argumenteren door de kenmerken ervan op te sommen. Het kan echter zijn dat bepaalde modaliteiten, processen of handelingen om een bepaalde reden niet bij uw personeel passen. Het idee van loslaten is hen zelf oplossingen te laten vinden voor hun bezwaren, terwijl u het hoofddoel in zicht houdt: een nieuwe communicatiestrategie.

De klassieke vergelijking in deze situatie is die van de principes die inherent zijn aan veel vechtsporten: de energie van de partner weten te benutten door deze eerst op te vangen en vervolgens een beslissende zet in zijn voordeel te doen. In een betoog zit de energie van je tegenstander in de bezwaren die hij of zij tijdens je betoog kan opwerpen.

Dus, hoewel flexibel blijven en in staat zijn concessies te doen aan je tegenstander op enkele bijkomstige punten je ethos kan versterken en je doel bevorderen, is het pareren van de oppositie en de belangrijkste opmerkingen van je tegenstander een verplichte en essentiële stap in het overtuigen. Enkele tips zullen u helpen bij deze stap:

- Stel van tevoren grenzen aan de tijd die je kunt reageren, de toon die je kunt aanslaan, het aantal tegenargumenten en antwoorden dat je kunt geven. Zo creëert u een kader waarbinnen u met een veilig gevoel kunt werken;

- blijf gefocust op de persoon waarmee je praat;

- waarbij je zijn tegenargument onvoorwaardelijk verwelkomen zonder oordeel of vooroordeel;

- Herformuleer wat zij zeggen om te laten zien dat u hen begrijpt, dat u luistert en dat u hun standpunt waardeert, ook al verschilt het van het uwe;

- Koppel hun bezwaar aan het punt dat zij in uw toespraak maakten om een derde weg te creëren en terug te slaan. Je kunt je antwoord beginnen met "terecht", "dat is goed", "precies", "trouwens".

Op die manier voelt uw gesprekspartner zich niet alleen gewaardeerd omdat u rekening houdt met zijn mening, maar kunt u die ook gebruiken om uw eigen argumentatie verder uit te werken, terwijl u uw oorspronkelijke doel nastreeft: hem overtuigen.

Afwerking met elegantie

U hebt het einde van uw betoog bereikt: alle bezwaren zijn behandeld en uw gesprekspartner is nu overtuigd door uw uiteenzetting. Je hebt ze overgehaald om je te volgen in een project, om een product of dienst te kopen, om je in dienst te nemen of om je opslag te geven.

In dit stadium zou de fatale relationele fout zijn om "dank u en tot ziens" te zeggen. Laten we niet vergeten dat overtuigen interne spanningen kan oproepen (meestal onbewust) bij de persoon met wie je praat, want ook al heb je hem overtuigd, vergeet niet dat hij in het begin in het beste geval geen mening had over jouw onderwerp en in het slechtste geval volledig tegen was. Sterker nog, als ze voor jouw standpunt zijn gewonnen, kunnen ze een diffuus gevoel van frustratie, schuld en bitterheid voelen. Uw rol in dit stadium is om dit gevoel te verlichten.

De beste strategie is de lage houding, d.w.z. nederig blijven over je succes. Geef uw gesprekspartner een belangrijke rol in het verkregen resultaat. Geef bijvoorbeeld de indruk dat u zonder de rijkdom van hun bezwaren de inspiratie niet had kunnen vinden. Dit zal hen de controle over de situatie teruggeven, die zij verloren hadden toen zij instemden met uw toespraak. Zo herstel je een zeker evenwicht in de relatie. Niet alleen hebt u bereikt wat u wilde, maar wie weet helpt uw gesprekspartner u om anderen te overtuigen.

 ## ROME WERD NIET IN ÉÉN DAG GEBOUWD

Begin klein: succes ligt in de regelmaat van je overtuigingsacties, dus oefen steeds opnieuw. Stap voor

stap, dag na dag, zullen je technieken verfijnder worden, je houding zal zich aanpassen, je vertrouwen zal
groeien en uiteindelijk zul je je als een vis in het water
voelen wanneer je moet overtuigen.

TOP TIPS

- Schrijf je toespraak door je argumenten aan de ene kant en de waarschijnlijke bezwaren van je publiek aan de andere kant op te sommen. Dit maakt het makkelijker voor u om de juiste antwoorden te vinden.

- Maak een goede entree. De eerste 30 seconden zijn essentieel om een klimaat van vertrouwen te scheppen. Uw 'sympathiekapitaal' staat vanaf de eerste indruk op het spel en zal het verloop van uw betoog beïnvloeden.

- Concentreer je op het huidige moment door je vijf zintuigen te activeren en te verbinden met je omgeving. Gebruik hetzelfde proces om met jezelf in contact te komen. Zo kom je in de C.O.A.C.H. staat.

- Stel na de inleiding een open vraag aan de persoon tot wie u spreekt, zodat u hem of haar aan het woord laat en laat zien dat u naar hem of haar luistert. Zo kunt u zich ook synchroniseren met de spreker.

- Wees flexibel met de nee-zeggers. Over het algemeen zijn deze persoonlijkheden op zoek naar erkenning en dankbaarheid. Ga met hen mee en respecteer jezelf en je eigen grenzen. Zij kunnen later zelfs uw trouwste partners worden.

- De relatie onder controle houden tot het einde, terwijl je de ander laat denken dat hij de leiding heeft. U stuurt het proces en laat hen de inhoud bespreken. Geef voorbeelden. Dit zal de persoon tegen wie u praat helpen om te visualiseren wat u zegt en zich er gemakkelijker bij aan te sluiten. Zij zullen zich kunnen verplaatsen in de situaties die u beschrijft en ze innerlijk ervaren.

- Vermijd de persoon te verleiden of te intimideren. In beide gevallen zullen ze zich onveilig voelen en hun instinct zal zijn je te wantrouwen.

- Wees duidelijk en blijf bij de kernboodschap. Gebruik eenvoudige woorden en vermijd het jargon dat specialisten in uw vakgebied gebruiken. Er is niets erger dan luisteren naar iemand die een krachtige computer aanprijst met technische termen in elke zin wanneer je in het stadium bent dat je gelooft dat een USB-stick een Amerikaanse gepantserde deur kan openen.

- Veel plezier. Alle hier beschreven technieken werken alleen als je er plezier in hebt. Als u niet positief gestemd bent, kunt u uw betoog beter uitstellen, want uw gesprekspartner zal dat voelen.

FAQ

WAT IS DE BASIS VOOR EEN SUCCESVOL BETOOG?

De basis van een effectief verkooppraatje is het subtiele evenwicht tussen logos, pathos en ethos. Uw toespraak moet feiten, cijfers en concrete gegevens combineren met momenten waarop u een beroep doet op de emoties van uw gesprekspartner. Het gaat erom hen te amuseren, te provoceren, te ontroeren, te verrassen en te verontrusten... om hen vervolgens gerust te stellen en hen tenslotte mee te nemen op een reis buiten hun intellect. Combineer deze mondelinge training met een voorbereiding op lichaamstaal.

HOE MOET IK HANDELEN OM NIET ALS MANIPULATOR TE WORDEN GEZIEN?

Gebruik transparantie en congruentie. De persoon met wie je praat moet zich zelfverzekerd voelen vanaf het moment dat je met hem in gesprek gaat tot het moment dat je hem uit het oog verliest. Gedurende deze tijd, wees en blijf jezelf. Speel geen rol en ontdoe je van sociale maskers. Druk je eigen gevoelens uit op een manier die empathie opwekt bij de ander. Manipulatoren verdrinken hun prooi gewoonlijk in een stortvloed van informatie door hun narcistische persoonlijkheid te laten doorschijnen. Ze weten niet hoe ze moeten luisteren, omdat ze geen empathie kennen. Als je niet als manipulator wilt worden gezien, let dan op wat de ander zegt en voelt voordat je hem of haar van iets probeert te overtuigen.

WELKE HOUDING MOET IK AANNEMEN ALS IK DISCUSSIEER?

- Als u staat, houd dan uw bewegingen soepel. Als u niet weet wat u met uw handen moet doen, laat ze dan meebewegen: ze zullen zich snel aanpassen aan uw toon en spreeksnelheid.

- Als je voor een publiek staat, scan dan de hele zaal met je ogen en richt je op een paar willekeurige mensen. Elke persoon heeft dan het gevoel dat u hem persoonlijk aanspreekt. Als het om overtuiging gaat, is het gemakkelijker om je overtuigd te voelen wanneer de boodschap rechtstreeks op jou gericht lijkt te zijn.

- Als u zit, houd dan een rechte en energieke houding aan. Ga niet te ver naar achteren zitten in de stoel of leunstoel, zodat u niet in de verleiding komt om te gaan zitten en uw momentum en overtuigingskracht verliest.

WAT IS DE ONSTUITBARE TECHNIEK OM IEMAND TE OVERTUIGEN?

Zonder enige aarzeling, luisteren. Actief, grondig en empathisch luisteren zal u alle elementen verschaffen die u nodig hebt om op basis van uw eigen argumentatie met vaardigheid terug te kaatsen. Door aandachtig en vriendelijk naar je gesprekspartner te luisteren, geef je hem of haar belang, wat des te legitiemer is omdat je doel is hem of haar te overtuigen. Inderdaad, zich gehoord voelen is zich erkend voelen. Erkenning is een fundamentele behoefte voor ieder mens. Door deze behoefte over te brengen, voedt u de behoefte van uw gesprekspartner. Daardoor zullen zij meer openstaan voor uw argumenten.

HOE LANG DUURT HET OM MIJ TE LEREN OVERTUIGEN?

Aan het eind van deze lezing heb je nu alle sleutels om effectief te overtuigen. Maar net zoals je een quiche lorraine of een gratin dauphinois leert bereiden door een recept te lezen, is het door de theorie dag na dag te oefenen dat je beter wordt. In dit voorbeeld kunt u dan dit of dat ingrediënt toevoegen, andere verminderen of zelfs schrappen, afhankelijk van uw gasten. U zult iets meer tijd besteden aan de voorbereiding of waakzamer zijn bij het koken. Kortom, je zult vooruitgang boeken in je discipline als je die beoefent. Het is hetzelfde proces in de kunst van het overtuigen. Inderdaad, weten hoe je moet argumenteren is gemakkelijk en snel, maar dit instrument met succes kunnen gebruiken om iemand te overtuigen vergt tijd en oefening.

WAT ZIJN DE VALKUILEN DIE IK MOET VERMIJDEN ALS IK IEMAND WIL OVERTUIGEN?

Neem alle technieken uit deze gids en doe precies het tegenovergestelde. Kies het slechtste moment om met je gesprekspartner in gesprek te gaan (als hij haast heeft, uit een gespannen vergadering komt, tussen twee afspraken zit of tijdens een lunchpauze). Bereid je van tevoren voor en ga onmiddellijk de overtuigingspoging aan zonder je gesprekspartner enige relationele ruimte te laten. Neem het woord en hou het vast tot het einde. Als ze proberen hun mond open te doen om wat te zeggen, kap ze dan onmiddellijk af. Als ze er per ongeluk in slagen een tegenargument in te brengen, leg dan uit dat ze er niets van begrepen hebben en dat jij gelijk hebt. Blijf stevig in je positie en wijk nooit een millimeter af. Als hij of zij brutaal genoeg is om aan te dringen, aarzel dan niet om uw gezag wat meer te laten gelden: wie is de baas? Goed gedaan, je bent er meesterlijk in geslaagd hem te overtuigen!

IK HEB MIJN GESPREKSPARTNER NIET KUNNEN OVERTUIGEN, MOET IK HET OPGEVEN?

Voordat hij de gloeilamp uitvond, zei Thomas Edison (Amerikaans uitvinder en wetenschapper, 1847-1931): "Ik heb niet gefaald. Ik heb gewoon 10.000 oplossingen gevonden die niet werken. Falen is slechts een perspectief op een situatie. Als je er niet in geslaagd bent de ander te overtuigen, zijn er vier mogelijke reacties:

- je geselt jezelf door te zeggen dat je zielig was en dat je gesprekspartner toch te sterk voor je was. In feite, zelfs tijdens je interview, voelde je je erg klein vergeleken met hem;

- trek je alles in twijfel, je argumentatie, je houding, je charisma, je vaardigheden... Tegelijkertijd denigreer je de persoon met wie je praat door hem of haar een aantal fouten toe te dichten;

- Je begrijpt niet hoe deze door jou verachte gespreks-partner jouw overtuigingskracht kon weerstaan, jij die dacht dat je aan de top van je kunnen stond;

- Je ziet dit gesprek als een verrijkende ervaring en je maakt gebruik van de tegenargumenten van je gesprekspartner om je betoog te verbeteren, want deze tegenslag heeft je zeker extra motivatie gegeven om te proberen hem/haar de volgende keer te overtuigen. Je bent ze zelfs dankbaar dat ze je in staat hebben gesteld om vooruitgang te boeken.

Het is aan jou om de benadering te kiezen die jou het meest constructief lijkt...

WAT VOOR ARGUMENTEN KAN IK GEBRUIKEN?

Er zijn vele soorten argumenten. De onderstaande lijst is dus niet volledig.

- **Gezaghebbende argumenten** verwijzen naar deskundigen, beroemde mensen of door de spreker erkende autoriteiten. Door ze te citeren geef je een meerwaarde aan je betoog.

- **Bij argumenten naar analogie wordt** de ene situatie vergeleken met een andere om het argument te ondersteunen.

- **Bij framing** presenteren **argumenten** de werkelijkheid door bepaalde aspecten te versterken of te minimaliseren om zo het eigen standpunt te benadrukken.

- **Communautaire argumenten zijn** gebaseerd op gedeelde waarden, meningen die door de meerderheid worden aanvaard. Een persoon die niet weet wat hij moet denken, zal geneigd zijn de mening van de gemeenschap te volgen.

HET IS AAN JOU.

LEREN SYNCHRONISEREN

Op straat of zittend op een terras, observeer de groepen om je heen die lunchen of praten. Let op hun houding, attitude, gezichtsuitdrukkingen, toon en stemritme. Je zou een zekere harmonie moeten opmerken, als een onbewuste gelijkenis tussen deze verschillende mensen.

Het is nu aan u: wanneer u in het gezelschap bent van een kennis of iemand die dicht bij u staat, neem dan hetzelfde gedrag aan als zij, kopieer hun stem, enz. Verander na een paar minuten bewust een beetje je houding of attitude. U zult verbaasd zijn te zien dat de persoon met wie u praat u op natuurlijke wijze zal volgen, zij zullen zich met u synchroniseren.

ACTIEF LUISTEREN

Als je met iemand praat, stel dan alleen open vragen en concentreer je op zijn antwoorden. U zult waarschijnlijk de drang voelen om uw mening te geven, om een ervaring over uzelf te delen, kortom om over uzelf te praten, maar weersta de verleiding! Neem aan het eind van hun antwoord een deel van hun verhaal en formuleer een nieuwe open vraag over dat element. Blijf dit doen totdat de persoon met wie u praat u een nieuwe vraag stelt. Dan is deze oefening geslaagd.

OM VERDER TE GAAN

BIBLIOGRAFISCHE BRONNEN

ARISTOTELES, *De Retorica*, CreateSpace Independent Publishing Platform, FB Editions, 2015.

AUBENQUE (Pierre), *La prudence chez Aristote*, Parijs, PUF, 1963.

Coaching cursus met Robert Dilts, internationaal trainer en NLP expert.

Luminet (Olivier), *Psychologie van de emoties*, Louvain-la-Neuve, De Boeck, 2013.

ROGERS (Carl), *De ontwikkeling van de persoon*, Parijs, InterÉditions, 2005.

AANVULLENDE BRONNEN

BELLENGER (Lionel), *La force de persuasion. Du bon usage des moyens de persuader et de convaincre*, Parijs, ESF Éditeur, 2011.

BRETON (Philippe), *Convaincre sans manipuler*, Parijs, La Découverte, 2015.

Cialdini (Robert), *Invloed en manipulatie*, Parijs, First éditions, 2004.

JOULE (Robert-Vincent) en BEAUVOIS (Jean-Léon), *Petit traité de manipulation à l'usage des honnêtes gens*, uitgave 3e , Grenoble, PUG, 2014.

Nivoix (Marie-Claude) en LEBRETON (Philippe), *L'art de convaincre. Du bon usage des techniques d'influence*, Parijs, Eyrolles, 2013.

Christophe Peiffer's website portaal
www.leblogdesrapportshumains.fr

Zénoni (Gérard), *Tais-toi, je t'écoute… Sortez gagnant des situations difficiles par les mots, les gestes… et le silence!* Parijs, Pocket, 2009.

We horen graag van u! Laat
een reactie achter op jouw online bibliotheek
en deel je favoriete boeken op social media!

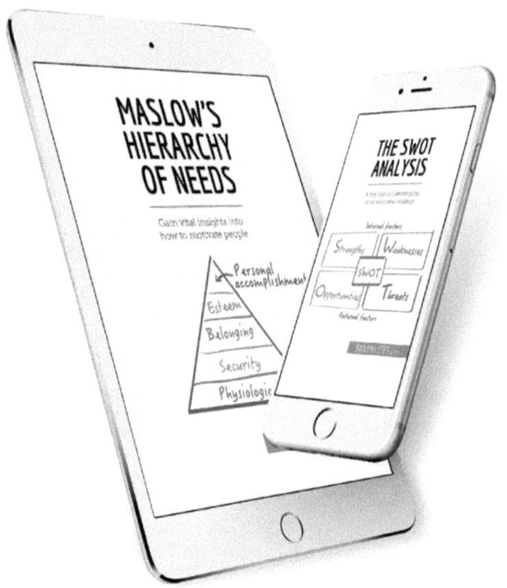

IMPROVE YOUR GENERAL KNOWLEDGE

IN THE BLINK OF AN EYE!

www.50minutes.com

Master ISBN: 9782808604772
Papier ISBN: 9782808605984
Wettelijk depot: D/2023/12603/25

Digitaal ontwerp: Primento,
de digitale partner van uitgevers.